（宋）蘇轍 撰 傅增湘 校

傅增湘校本欒城集

第十一册

國家圖書館出版社

第十一册目録

欒城後集

卷二　詩七十首

卷三　詩七十首

卷四　詩七十首

卷五　雜文一十二首

道光壬辰新鐫

欒城後集

板藏眉州三蘇祠

欒城後集引

予少以文字爲樂涵泳其間至以忘老元祐六年年五十有三始以空疎備位政府自是無述作之暇顧前後所作至多不忍棄去乃裒而集之得五十卷題曰欒城集九年得罪出守臨汝自汝徙筠自筠徙雷自雷徙循凡七年元符三年蒙恩北歸寓居潁川至崇寧五年前後十五年憂患侵尋所作寡矣然亦班班可見復類而編之以爲後集凡二十四卷

眉山蘇氏子由書

欒城後集目錄

第一卷

詩

次韻子瞻和陶淵明飲酒二十首

次韻子瞻道中見寄　郊祀慶成

次韻姚道人二首　次韻子瞻上元扈從觀燈二首

蔡州壺公觀劉道士并引　大行太皇太后挽詞二首

次韻姚道人　次韻石芝并引

故樞密簽書贈正議大夫王彦霖挽詞二首

讀史六首　和子瞻雪浪齋

次韻子瞻生日見寄　蹇師嵩山圖并引

望嵩樓愿賢堂　阻風

第二卷

詩

宗內　病愈二首

立秋偶作　汝南遷居

春盡三月二十日立夏　夢中詠醉人

思歸二首　萬蝶花

汝南示三子　謝任亮教授送千葉牡丹

寒食二首　穎州城東野老劉正

癸未生日　白鬚

任氏閱世堂前大檜　贈蔡駜居士

崇居三首　聞諸子欲再賃卜氏宅

記夢

第四卷

詩

葺居五首　再賦葺居三絶

歲莫口號二絶　雪後小酌寄内乙酉正月九日

喜雨十二月二十三日　收蜜蜂

養竹　和遲田舍雜詩九首并引

雨病　施崇寧寺馬

南堂新甃花壇二首　夢中謝和老惠茶

新霜　戲作家釀二首

冬至雪　歲莫二首

春後望雪　除夜

新雨　甲子日雨

新火　次人酴醾原韻

閑居五詠　城中牡丹推高皇廟園遲迟聯騎往觀歸報未開戲作

春深三首

外孫文驥與可學士之孫也予親教之學作詩俊發猶有家風喜其不墜作詩贈之

次遲韻示陳秀才姪孫元老一

第六卷

第七卷

唐高祖　唐太宗

狄仁傑

第十一卷

歷代論五

唐玄宗憲宗　宇文融

牛李　郭崇韜

馮道　陸贄

兵民　燕薊

第十二卷

潁濱遺老傳上

第十三卷

潁濱遺老傳下

第十四卷

册文

大行太皇太后謚册文 進册文劄子附

詔

改園陵為山陵手詔　擬答西夏詔書

策題

擬殿試策題二首元祐中准備

第十五卷

詔

擬合祭天地手詔元祐中撰

劄子

論合祭天地劄子時已有旨施行不復上

敘

元祐會計錄敘附收支敘　民賦敘

第十六卷

劄子

兄除翰林承旨乞外任劄子五首　四舉王鞏乞外任劄子首

乞賜張宣徽謚劄子　立皇后制書劄子

論黄河軟堰劄子申三省狀附　論御試策題劄子二首

待罪劄子

第十七卷

表記劄子狀

元祐七年生日謝表二首　笏記

元祐八年生日謝表二首　笏記

第十八卷

表狀疏

第二十一卷

雜文

歐陽文忠公神道碑 答尒于硏書附 叔

第二十四卷

雜文

巢谷傳　　亡姊王夫人墓誌銘

龍井辯才法師塔碑　　逍遙聰禪師塔碑

天竺海月法師塔碑

欒城後集卷之一

宋眉山蘇轍子由著　　明東吳王執禮子敬　顧天敘禮初　仝校

詩七十首

次韻子瞻感舊

還朝正三伏，一再趨未央。久從江海游，苦此劍佩長。夢中驚和璞，起坐憐老房。（子瞻夢中見人誦詩云：度數形名本偶然，破琴今有十三弦。此生若遇邢和璞，始信秦箏是響泉。因作破琴詩以記之。）爲我忝丞轄，寘身願并涼。（子瞻每欲爲國守邊，顧不敢請耳。）此心一自許，何暇憂陟岡。早歲發歸念，老來未嘗忘。淵明不久仕，黔婁足爲康。

家有三頭田歲辦十日糧敎敕諸子弟編排舊文章辛勤養松竹遲莫多風霜常恐先著鞭獨引社酒嘗火急報君恩會合心則降

次韻題畫卷四首

山陰陳迹

卧對郗人氣已眞晚依邛壑更無倫不須復預淸言侶自是江東第一人逸少知淸言之害然蘭亭記亦不免慕淸言耳

雪溪乘與

亟往遄歸眞曠哉聾人不信有驚雷雖云不必見安道已誤扁舟犯雪來

四明狂客

失腳來遊九陌塵故溪何日定抽身便同賀老扁舟去已笑西山鄭子眞

西塞風雨

雨細風斜欲暝時淩波一葉去安歸遙知夜宿蛟人室浪卷波分不著直略切衣

送姪邁赴河間令

老去那堪用恩深未敢歸誰能告民病一一指吾非爾赴河間治無嫌野老譏仍將尺書報勿復問從違

次韻門下呂相公車駕賑學

未識吾君龍鳳章諸儒望幸久南庠輦回原廟初移蹕鷺集西廱已著行執爵稍前疑問道獻琛不日數來王從官始悟熙寧意遺我親臨見肯堂

傳銀青挽詞二首

名自烏臺發恩從鳳沼深鹽梅和衆口金玉比誠心澹泊平生事彌留一病侵遺言自無憾朝野爲沾襟

其二

丹旐國西門茅廬濟水深官清貧似舊名重歿猶存臺閣傳遺懿

交遊拭淚痕君恩不改故延賞遍諸孫

大雪三絶句

閏歲窮冬已是春當寒卻暖未宜人陰風半夜催飛霰稍淨天街一尺塵

元冥留雪付勾芒桃李雖憂麥未傷膏澤較遲三十日問天此意亦茫茫

連歲金明不見冰上春風雪氣稜稜臺中會奏五行傳到此施行愧未會

和王晉卿都尉荼蘼二絶句

春到都城曾未知楸花時見萬年枝多情賴有王 公子解翦金槃寄所思春來未曾見花但於禁中時見楸花耳

後圃荼蘼手自栽清於芍藥釅於梅舊來詩客今無幾三嗅馨香懶舉杯

次韻門下呂相公同訪致政馮宣猷

懶從朝謁事騑騑此去高眠罷倒衣詔許敲門訪耆舊天教築室傍來歸石公熙載舊宅張氏頭加修完公得之以成歸計類非偶然者肩輿尙肯追春色公來春將往洛中看花鼓缶何妨傲夕暉所至成家卽安隱武昌誰乞釣魚磯

滕達道龍圖挽詞二首

才適邦家用學非章句儒遭逢初莫測流落一長吁大節輕多難深言究遠圖收功太原守談笑視羌胡

其二

南竄逢公弄水亭公時守池北歸留我闉闍城壯年不見日千里餘論猶驚敵萬兵簡册何人知造膝邊防觸處迹先聲傷心繫舸城東地目斷安知有死生

魯元翰中大挽詞二首

遺直誦家聲持心本至誠何勞求皦察所至自安平氣象餘前輩才華屬後生飛騰看諸子相繼亦公卿

其二、

十年初見范公園，知與錢塘結弟昆。樂易向人無不可，疎慵憐我正忘言。南遷卻返逢北渡，遠聘相過適近藩。無復放懷諧笑語，挽詩空寄淚潺湲。子瞻兄始與元翰皆倅杭州，及自彭城還，止都門，寓居范景仁東園，元翰時來相過，予始識之。其後南還，元翰出守洛州，及奉使契丹，元翰復守滑臺，皆接從容者久之。

贈司空張公安道挽詞三首

道廣中無競，才高治不煩。安心本篤靜，憂世亦時言。壽考同儕盡，經綸故事存。猶應門下客，微論記根原。

其二

孤高出世學豪邁謫仙人早歲猶和俗中年自識真定餘時發照
塵盞回無隣聞道騎箕尾還應事　玉宸

其三

西蜀識公初南都從事餘一言知我可久好復誰如學術留元歎
家聲付伯魚霜天近生日聞挽重欷歔

蔡州任氏閱世堂

朱君長桐鄉死食桐鄉社吏民安君德君亦愛其下遺言於斯葬
存沒勿相捨自知得民深千歲誰似者任君治新息寬惠治鰥寡
彊梁順教詔桴鼓不鳴野三年去復還園木裁拱把居人敬閭巷

禽鳥依屋瓦蒼然百尺檜直榦任大廈相要勿翦伐令尹昔所舍

次韻子瞻和淵明飲酒二十首

我性本疎懶父母強教之遂巡就科選逮此年少時幽憂二十年懶性祇如玆偶然踐黃閣俯仰空自疑乞身未敢言常愧外物持

其二

人言性本靜不必林與山世雖有此理知誰非妄言自我作歸計於今十餘年低回軒冕中此語愧虛傳

其三

世人豈知我兄弟得我情少年喜文章中年慕功名自從落江湖

一意事養生富貴非所求寵辱未免驚平生不解飲欲醉何由成

其四

秋鴻一何樂空際乘風飛秋蟲一何憂壁間終夜悲憂樂本何有
力盡兩無依物生逐所遇久行不知歸少年氣雖回老者百事衰
聊復沃以酒永與狂心違

其五

昔在建成市鹽酒晝夜喧夏滌心天涌冬雷知地偏妻孥日告我
胡不反故山一來朝廷上七年不知還有寓均逆旅且志昔日言

其六

夢中見百怪一一皆謂是醉中身已忘萬事隨亦毀此心不應然

外物妄使爾安心十年後此語知非綺

其七

開卷觀古人誰非一世英骨肉委黃壚泯滅俱無情憧憧來無盡

擾擾相奪傾驚雷震朱夏鮮能及秋鳴得酒且酣飲問誰逃死生

其八

明月出東牆萬物含餘姿孤蟬庇繁蔭衆鳥棲高枝解衣適少事

捫腹知亡奇朝與羣動作莫復何所爲此時不自有日出還受羈

其九

尺書千里至輟食手自開將卜東南居故鄉非所懷勿言湖山美
永與平生乖鴻鴈秋南來及春思故棲蛟龍乘風雲旣雨反其泥
兄弟通四海叩門事雖諧直道竟三黜去國終恐迷何如自衛反
闕里從參回

其十

羌虜忘君恩戰鼓驚四隅邊候失晨夜驛騎馳中塗詔書止窮征
諸將守來驅敵微勢可料、師競力無餘防邊未云失憂懷愧安居

其十一

修已以安人嗟古有此道平生妄謂得忽忽恨衰老年來亦見用

何益世枯槁逡巡事朝謁出入自媚好報君要得人被褐信懷寶斯人何時見即上歸耕表

其十二

春旱麥半死夏雨欣及時出郊眎禾田父老有好辭秋陰結愁霖似欲直敗茲冥冥人天際影響良不疑精誠發中禁愍默非有欺雞號日東出乃令民信之

其十三

天廚釀冰池搖蕩畀出境年衰雜羸病一醑百不醒鸞臺畀諸曹有政非簿領頹然雖無謫因謝出囊穎回首愧周行羣英粲彪炳

其十四

淮海老使君受詔行當至當官不避事無事輒徑醉平生自相許

兄先弟亦次東南豈徒往多難嫌暴貴白首六卿中嚼蠟那復味

其十五

去年旅都城三月不求宅彼哉安知我爭埽習禮迹三巳竟無怨

心伏鷙鳥百無私心如丹經患髮先白功名巳不求餘事復何惜

其十六

家居簡餘事猶讀內景經浮塵掃欲盡火棗行當成淸晨委羣動

永夜依寒更低帷闔重屋微月流中庭依松白露上歷坎幽泉鳴

功從猛士得不取兒女情

其十七

南方有貧士狂怪如病風垢面髮如葆自汙屠酒中導我引河水
上與崑崙通長箭换不盡不中無尤弓

其十八

清秋九日近菊酒皆可得永愧陶翁饑雖饑心不惑懷忠受正命
賦命本通塞斯人今苟在可與同事國惜哉委荆秦忍饑長默默

其十九

我有二三子兼有仕未仕青松出林秀豈獨私與已斂然不求人

而我自羈𩥇臨風忽長鳴誰信目千里江行睇漁父但自正綱紀

持綱起萬目魴鱒皆可止老成日就衰所餘殆難恃

其二十

諸妄不可賴所賴惟一眞內欲求性命油然反淸淳外將應物化

致一常日新商於四父老攜手初逃秦翻然感漢德投足復踐塵

出處蓋有道豈爲諸呂勤嗟我千歲後澹然與之親還將山林姿

傥首要路津囊中舊時物布衣白綸巾功成不歸去愧此同心人

次韻子瞻道中見寄

兄詩有味劇雋永和者僅同如畫影短篇泉冽不容挹長韻風吹

忽千頃經年淮海定成集走書道路未遑請相思半夜發清唱醉墨平明照東省（詩到適在省中）南來應帶蜀岡泉西信近得嵝山茗出郊一飯歡有餘去歲此時初到潁

郊祀慶成

盛禮彌三祀初元正七年祭兼天地報儀自祖宗傳講義金華久（近有旨講讀官訓釋祖宗齋祠故事十五條日陳於前）齋心玉食鮮秋成通四海廪實到窮邊（今秋諸道皆奏豐稔而陝西河東極邊尤甚）塵卷跳疆寇（西羌入寇環州邊吏邀擊敗去）琛來渡海船（高麗使前十日到闕預觀大禮）人和神亦答物備禮誠全廟室開深覲郊邱對廣圜翠帷新祕殿寶仗溢通廛周冕裘繪儉（周禮太裘而冕以祀天有司欲為羔裘度

用百羔上以其害　唐車保介使五輅有正覲歟志進導前多舊德
物以黒繒代之　退安重奕世所寶
迎拜或華頴薦潔求陰燧馳誠寄燎烟垂精粲星斗望秩遍山川
降輅追前躅回班戒弗虔徹緦深屈體屏盖切承天　上至大廟門
降輅步入齋
殿至郊壇止百官回班仍去黄道褥三　嶰谷灰初應緹室吹灰久
事皆循祖宗故事而去繖特出上意　廢不講近太
史考求遺書　扶桑日欲躔旌旗逐風轉歌舞送天旋簾啟𣌭　宸
復修其法
極雞號識漏泉矜愚開罪罟釋欠靖民編樂作波翻海書行箭脫
弦東朝歸福胙南極本高仙有道知難犯無私毋得賢劬勞就
聖德謙畏絶私權治道初無象神功竟莫宣下臣叨進玉隨兒須
誠然　臣於景靈郊
耶賓進玉幣

次韻姚道人二首

西山學採薇東坡學煮羹昔在建成市豈復衣冠情朋友日已疎
止接盲趙生嚣智狗所安元氣賴以存時於星寂中稍護亂與昏
河流發九地欲挽升天門枉用十年力僅餘一燈溫老病竟未除
驚呼欲狂奔何日新雨餘得就季主論

高人隱陋巷至藥初無方心知無生妙運轉開陰陽本如凌雲松
豈受尺寸量氣如幽谷蘭時送清風香嗟我本病肺寒暑隨翕張
丹砂苦落落青春去堂堂濤詩墮雲霧至音叩琳琅山海信多士
世俗非所望遠遊居臨安間出從諸王他年解冠佩共遊無邊疆

儀麟既委照永謝過隙光

次韻子瞻上元扈從觀燈二首

虜去邊城少奏章雪殘中禁罷焚香都人知有新年喜爭看琱輿

金鳳凰

春來有意乞歸耕足痺三年久未平頃奉使契丹墜馬傷足已三年矣忽記上元

鑾輅出起聽前殿曉鐘聲

蔡州壺公觀劉道士并引

元祐八年七月彭城曹煥子文至自安陸爲予言過淮西入壺公觀觀縣壺之木木老死久矣環生孫蘖無數聞有老道士劉

道淵年八十七非凡人也謂之神氣甚清能言語服細布單衣縫補殆遍壁間題者多以不易衣爲美煥問其意道淵悵然曰此故淮西守歐陽永叔所贈也世人稱永叔工文詞善辯論忠信篤學而已君知是人竟何從來耶公與我有夙契且齊年也昔將去吾州留此以別吾服之三十年嘗破而補之矣未嘗垢而澣也比嘗得其訃吾亦去此不久矣煥聞之愕然莫測徐問其故皆不答予少與兄子瞻皆從公遊究觀平生固嘗疑公神仙中人非世俗之士也公亦嘗自言昔與謝希深尹師魯梅聖俞數人同遊嵩高見蘇書四大字於蒼崖絶澗之上曰神清之

洞問同遊者惟師魯見之以此亦頗自疑本世外人今聞道淵
言與曩意合因作詩以示公子棐叔弼
思穎求歸今幾時布衣猶在老劉師龍章舊有世人識蟬蛻惟應
野老知昔葬衣冠今在否近傳音問不須疑曾聞圯上逢黃石久
矣留侯不見欺

大行太皇太后挽詞二首

內治隆三世尊臨極九年神孫克負荷大業付安全有道華夷靖
無心怨惡悛和熹盛東漢從此不稱賢

其二

約已心全小寬民德有餘外家恩澤少先后禮容虛有司每以章獻太后故事爲請德音輒深自菲薄不敢當而止原廟因前室有司將築神宗皇帝神御中有詔自處治隆以成就宣光朝避册書頃歲將受册寶當御前殿謙避不欲遂退卽後殿而已功名不勝紀四論歎猶疏近以四論進呈上歎曰太皇太后盛德豈四論所能盡

次韻姚道人

道人偶許俗人知法喜非妻解養兒夜久金莖添沆瀣室虛寶月映琉璃遠來醉俠怱怱返近出詩仙句句奇獨怪區區踐繩墨相逢未省角巾欹

次韻石芝并引

子瞻昔在黃州夢遊人家井間石上生紫藤枝葉如赤箭主人言此石芝也折而食之味如雞蘇而甘起賦八韻記之元祐八年予與子瞻皆在京師客有至自登州者言海上諸島石向日者多生耳海人謂之石芝食之味如茶久而益甘海上幽人或取服之言甚益人客以一籃遺子瞻遂次前韻

雞鳴東海朝日新光蒙洲島霧雨勻一暾石上遍生耳幽子自食無來賓寄書乞取久未許箬籠蕉囊海神戶（戶止也左傳屈蕩戶之）一掬誰令墮我前無爲知我超諸數此身不願清廟瑚但願歸去隨樵蘇龜龍百歲豈知道養氣千息存其胡塵中學仙定難脫夢裏食芝

空酷烈中山軍府得安閑更試朝霞磨鏡鐵

故樞密簽書贈正議大夫王彦霖挽詞二首

試吏有能名升臺擅直聲雄飛極九載修路止三城壯志方淩厲

遺書忽歎驚老人殊可念白首泣新塋

其二

傾葢晚相親東西省戶鄰聽君占諫草繼我出詞綸京尹聲初浹

樞庭迹尚新邯鄲炊未熟榮謝隔逡巡

讀史六首

留侯決成敗面折愧周昌垂老召商叟鴻鵠自高翔

其二

諸吕更相王陳平氣何索千金壽絳侯劉宗知有託

其三

賈生料吳楚竟斃大梁城一身不自保痛哭空傷生

其四

桓玄服荆楚安取破國都孔明不料敵一世空馳驅

其五

安石善談笑揮麈郤苻秦妄起并吞意終殘吳越人

其六

江河浪如屋要須滄海客可憐狄仁傑猶復負婁公

和子瞻雪浪齋

謫居杜老嘗東屯波濤遶屋知龍尊門前石岸立精鐵潮汐洗盡莓苔昏野人相望夾水住扁舟時過江西村窗中縞練舒眼界枕上雷霆驚耳門不堪水怪妄欺客欲借楚些時招寃人生出處固難料流萍著水初無根旌旗旋逐金鼓發蓑笠尚帶風雨痕高齋雲浪卷著石北叟未見疑戲論激泉飛水行亦凍窮邊臘雪如翻盆一杯徑醉萬事足江城氣味猶應存

次韻子瞻生日見寄

日月中人照與芬心虛慮盡氣則薰彤霞點空來羣羣精誠上徹天無雲寸田幽闕煥不焚眇睞中外絳錦紋冥然物我無復分不出不入常氤氳道師東西指示君乘此飛仙勿留墳茅山隱居有遺文世人心動隨䖟蚊不信成功如所云蚤夜賓餞同華勛爾來僅能破魔軍我經生日當益勤公稟正氣飲不醺梨棗未實要鉏耘日云莫矣收桑枌西還閉門止紛紛憂愁眞能散淒君萬事過耳今不聞登眞隱訣云日中青帝日照龍韜其夫人日芬豔嬰

蹇師嵩山圖 幷引

葆光法師蹇君未嘗至嵩山欲往遊焉元祐九年春磐桓都下

得古畫一幅以示其客客曰此嵩山圖也子昔嘗遊焉峯嶺徑遂觀刹皆是君喜曰此將以導予也吾昔熙寧中自陳之洛往來皆出嵩少之間時方重九與偕行者約曰與子於此登高乎今筋力尚強可以一往異日復至或不能矣今年三月以罪出守汝州聞此州在嵩少之陽登城北望可以盡得其勝君何時爲此遊吾將舉酒與子相望雖不能同亦庶幾焉系之以詩曰

峻極登高二十年汝州回望一依然君行亦是高秋後試覓神清古洞天神清洞事見上

望嵩樓在汝州

連山鄣吾北二室分西東東山幾何高不爲太室容西山爲我低
少室見諸峯臨軒一長歎隱見由所逢試問山中人二室竟誰雄
雄雌久已定分别徐亦空可憐汝陽酒味與上國同遊心四山外
寄適杯酒中

思賢堂

楊公守臨汝俛仰八十載推遷城市非散落篇章在外物固難必
清名竟安賴孤亭右洲渚斜日到冠佩飛翔棟宇回滉蕩波流對
稍存楸梧高大翦菰蒲穢遺編訪諸子翠石補前廢吏民亦潸然
未替甘棠愛

阻風 自汝遷筠八月過真州江漲倍常歲而風不順

大水蔑洲浦牽挽無復施我舟恃長風風止將安爲埸然委積水
坐被弱纜維市井隔峯嶺食盡行將饑長嘯呼風伯尼躬豈不知
蓬蓬起東南旗尾西北馳所望乃大謬開門訊舟師舟師掉頭笑
沿泝要有時泝者不少息沿者長嗟咨飄風不終日急雨常相隨
雨止風亦止倏倏弄清漪我言未見信君行自見之

次韻子瞻遊羅浮山

客迷隆澗逢玉京雲行天喬風號鳴晴中過盡石髓滑驚喜觀闕
朝霞明東坡南去類此客擠者力盡非求生偶然瀕海少氛氣復

有福地客躬耕諸侯歷聘謝魯叟茅簷燕坐師老彭天樞旋結日珠重八寰下視鴻毛輕俗緣漸覺冰雪解元氣乍復蛟虬獰遠遊脫屣入蓋竹初怪長史留家庭後來玉斧小兒子亦入眞誥參仙經試令子弟學諸許還家不用劒閣銘洞天聞亦有圖籍但恐未免如公卿此心願與世無事不願與世平不平

次韻子瞻江西

許君馬老共一邦西山斷處流蜀江誰令十載重渡瀧灘頭舊寺晨鐘撞亂流赤腳記淙淙道俗自謂丹霞龐便令築室修畦秖往還二老節一雙予與筠州聰長老有十年之舊

雨中遊小雲居

賣酒高安市早歲逢五秋常懐簡書畏未暇雲居遊十載還上都再謫仍此州廢斥免羈束登臨散幽憂鄉黨二三子結束同一舟雨餘江漲高林薄煩撐鉤積陰荐雷作兩山亂雲浮雨點落飛鏃江光測輕漚笑語曾未畢風雲遽誰收舟人指松檜古刹依林邱老僧昔還住晚飯迎淹留食菜吾自飽饋肉煩賢侯嚴城迫吹角歸棹隨輕鷗聯翩閱村塢燈火明譙樓肩輿践積氂塗潦分潛溝居處方自適未知厭拘四

欒城後集卷之一 終

欒城後集卷之二

宋眉山蘇轍子由著

明東吳王執禮子敬 顧天敘禮初 仝校

詩七十首

次韻子瞻上元見寄

誰憐東坡老獨看南海燈故人隱山麓燕坐銷牀稜人生天運中往返成廢興炎起爨下薪凍合瓶中氷賴有不變處寂如方定僧建成亦巖邑燈火高下層頭陁舊所識天寒髮鬅鬙問我何時來嗟哉谷爲陵幸此米方賤日食聊一升夜出隨衆樂餔糟共騰騰

次韻子瞻連雨江漲二首

南過庾嶺更千山，烝濶由來共一天。雲塞虛空雨翻瓮，江侵城市屋浮船。東郊晚稻須重插，西舍原蠶未及眠。獨棹扁舟趁申卯，米鹽奔走笑當年。

客到炎陬喜暫涼，江吹虛閣雨侵廊。回看野寺山溪隔，臥覺晨炊稻飯香。荔𩠙深紅隨欆棗，桂醅淳白比琳琅。恩移嶠北應非晚，未省南遷日月長。

次韻姪過江漲

陰淫夏為秋，雨暴溪作瀆。鈌防舊通市，流潦幾入屋。雖幸廪粟𡍼

猶惜畦蔬綠鹿駭不擇音鴻鶱分遺陸室誚曾子還城謳華元甿

中情久岑寂外物競排蹙設心等一慈開懷受諸毒道力雖未究

游波偶然伏櫑須三月聚艾要七年蓄君恩許北還從此當退縮

亡嫂靖安君蒲氏挽詞二首

家風足圖史婦德儼蘋蘩湯沐從夫寵冠衣廕弟恩克家傳衆子

有後慶多孫追養心何極增封禮尚存

其二

宦遊非不遂流落自雝疎宗黨半天末存亡驚素書佳城東嶺外

茂木故阡餘遥想千車送臨江涕滿裾

寄題武陵柳氏所居二首

天眞堂

宦遊閲盡山川勝，歸老方知氣味眞。歌哭不移身自穩，往還無間語尤親。承懷前輩無因見，猶喜諸郎有此人。千歲展禽風未改，不加琱琢世稱珍。

康樂樓

邑居欲盡溪山好，不作層樓無奈何。巖谷滿前收蠟屐，漪漣極目卷漁蓑。安心已得安身法，樂土偏令樂事多。千里筠陽猶静治，還家一笑定無他。

筠州州宅雙蓮

綠荷紅房共一池一雙遊女巧追隨鏡中此並新粧後風際攜扶欲舞時露蘂暗開香自倍霜蓬漸老折猶疑殷勤畫手傳眞態道院生綃數幅垂

奉同子瞻荔支歎

蜀中荔支止嘉州餘波及眉半有不稻糠宿火郤霜霞結子僅與黃金侔近聞閩尹傳種法移種成都出巴峽名園競擷絳紗苞蜜漬瓊膚甘且滑北遊京洛墮紅塵箬籠白曬稱最珎思歸不復爲蓴菜欲及炎風朝露勻平居著鞭苦不早東坡南竄嶺南道海邊

百物非平生獨數山前荔支好荔支色味巧留人不管年來白髮
新得歸便擬尋鄉路棗粟園林不須顧青枝丹實須十株丁寧附
書老農圃

次韻子瞻梳頭

水上有車車自翻懸蠹如綫垂前軒霜蓬已枯不再緑有客勸我
抽其根枯根一去紫茸茁瑹垂已試幽人言紛紛華髮何足道當
返六十過去寃近有道士相教拔白後以水火養之當不復生故以爲答

勸子瞻修無生法

除却靈明一一空年來丹竈漫施功掌中定有菴摩在雲際懸知

霧雨濛已賴信心留掣電要須淨戒拂　誰言逐客江南岸身世雖窮心不窮

石盆種菖蒲甚茂忽開八九華或言此華壽祥也遠因生日作頌亦爲賦此

石盆攢石養菖蒲沮洳沙泉韮葉鋪世說華開難値遇天將壽考報勤劬心中本有長生藥根底暗添無限鬚更爾屈蟠增瘦硬他年老病要相扶

子瞻和陶公讀山海經詩欲同作而未成夢中得數句覺而補之

此心淡無著與物常欣然虛閑偶有見白雲在空間愛之欲吐玩
恐爲時俗傳逡巡自失去雲散空長天永愧陶彭澤佳句如珠圓
成都僧法舟爲其祖師寶月求塔銘於惠州還過高安送歸
少年能講大乘經法施堂中不出扃爲許先師傳後世徑從西海
集南溟忘身直犯黃茅瘴滿意初成白塔銘寄我淚痕歸萬里遥
知露滴澗松青
東西京二絕
親祀甘泉歲一終屬車徐動不驚風宓妃何預詞臣事指點譏訶
豹尾中

犀著金槃不暇嘗更須石上擣黃粱數錢未免河東　不識前朝

大練光

唐相二絕

楊王滅後少英雄猶自澄思卻月中已得惠妃歡喜見方頭笑殺

曲江公

朝中寂寂少名卿晚歲雄猜氣益橫心怕無鬚少年士可憐未識

玉奴兒

寓居六詠

手植天隨菊晨添苜蓿盤叢長憐夏苦花晚怯秋寒素食舊所愧

長齋今未闌殷勤拾落藥眼暗讀書難

其二

山丹炫南土盈尺愧西京所至曾無比知非浪得名未須求別種

尙欠剝繁英行復春風度天涯與覆明

其三

隣家三畝竹蕭散倚東墻誰謂非吾有時能惠我涼雪深聞毀折

風作任披猖事過還依舊相看意愈長

其四

弱榴生掩冉插竹強支乂旋疊封根石能開著子花扶持物遂性

綴緝我成家故國田園少何須恨海涯

其五

大雞如人立小雞三寸長造物均付予危冠兩昂藏出欄風易倒

依草枯不殭後庭花草盛憐汝計興亡或言矮雞冠即玉樹後庭花

其六

西隣分半井十口無渴憂歲旱百泉竭日供入家求艱難念生理

沾足愧寒流比聞山田婦出汲爭羣牛山中澗谷枯竭汲者每苦牛奪其水一人出汲輒數人持仗護之

和子瞻新居欲成二首

老罷子卿還屬國功成定遠恨陽關漂流豈必風波際顛沛何妨
枕席間伏臘便應隨俚俗室廬聞似勝家山因緣宿世非今日賴
有陰功許旋還（此說見佛書）
山連上帝朱明府心是南宗無盡燈過此欹危空此夢年來瘴毒
冷如冰圖書一笑寧勞客音信頻來尚有僧梨棗功夫三歲辦不
緣憂患亦何曾

次遲韻二首

老謫江南岸萬里修烝嘗三子留二子嵩少道路長累以二孀女
辛勤具餱糧誰令南飛鴻送汝至我旁飢寒不能病氣紓色亦康

拊背問家事嗟我久已忘力耕當及春無爲久南方還家語諸女

素剛非王章

其二

世事非吾憂物理有必至常暘百川竭顧亦防雨耳陰陽相糾纏

反覆更自治幽懷澹不起默坐識其意長子念衰老遠行重慚愧

疎慵身似僧岑寂家近寺但聞事日新未覺吾有異器鋥本自出

藩角徒不遂得失衆共知窮達佛所記要令北歸日粗究一大事

次遠韻

萬里謫南荒三子從一幼謬追春秋餘賴爾牛馬走憂病多所忘

問學非復舊借書里諸生疑事誰當叩吾兒雖懶教擢頴既冠後

求友卷中人玩心竹間岫時令檢遺闕相對忘昏晝兒來試謳吟

句法漸麹秀暫時鴻鴈飛迭發塤篪奏更念宛邱子頎然何時覯

次韻子瞻和陶公止酒　雷州作

少年無大過臨老重復止自言衰病根恐在酒盃裏今年各南遷

百事付諸子誰言瘴霧中乃有相逢喜連床聞動息一夜再三起

泝流俛仰得此病竟何理平生不尤人未免亦求已非酒猶止之

其餘眞止矣飄然從孔公乘桴南海涘路逢安期生一笑千萬祀

次韻子瞻過海

我遷海康秏猶在寰海中送君渡海南風帆若張弓笑揖彼岸人回首平生空平生定何有此去未可窮惜無好勇夫從此乘桴翁幽子疑龍鰕牙須竟誰雄閉門亦勿見一鼻同香風晨朝飽粥飯洗鉢隨僧鐘借問何時歸茲焉若將終居家出家人豈復懷兒童老聃眞吾師出入初猶龍籠樊顧甚密俛首姑爾容衆人指我笑韁鎖無此工一瞬千佛土相期兜率宮

過姪寄椰冠

衰髮秋來半是絲幅巾緇撮强爲儀垂空旋取海棕子（蜀中海棕郎嶺南椰木但不結子耳）束髮裝成老法師變化密移人不悟壞成相續我心知茅

簷竹屋南溟上亦似當年廊廟時

寓居二首

東亭

十口南遷粗有歸一軒臨路閲奔馳市人不慣頻回首坐客相諳便解頤慙愧天涯善知識增添城外小茅茨華嚴未讀河沙偈偃仰明窗手自披

東樓

月從海上湧金盆直入東樓照病身久已無心問南北時能閉目待儀麟颶風不作三農喜是歲海無颶風舶客初來百物新歸去有時無

定在漫隨俚俗共欣欣

所寓堂後月季再生與遠同賦

客背有芳藂開花不遣月何人縱尋斧害意肯留栟偶乘秋雨滋肓土見微茁猗猗抽條頴頗欲傲寒洌勢窮雖云病根大未容拔我行天涯遠幸此城南茇小堂劣容臥幽閑粗可躡中無一尋空外有四隣市寫墻數柚實隔屋看椰葉蔥蒨獨茲苗懲懲待其活及春見開敷三嗅何忍折

浴罷

逐客似幽憂多年不洗沐于髮櫛無垢身垢要須浴顛隮本天運

憒恨當誰復茅簷容病軀稻飯飽楞腹形骸但癯瘁氣血尚豐足
微陽闊九地浮彩見雙目枯槁如束薪堅緻比温玉長齋雖云淨
閼月聊一沃石泉濣巾帨土釜煑桃竹南窗日未移困臥久彌熟
華嚴有餘秩默坐心自讀諸塵忽消盡法界了無矚悅如仰山翁
欲就溈叟卜猶恐墮聲聞大願勤自督

次遠韻齒痛

元明散諸根外與六塵合流中積緣氣虛妄無可託敝陋少空明
婦姑相攘奪日出曠焦牙風來動危蘀喜汝因病悟或免終身著
更須誦楞嚴從此脫纏縛

子瞻聞瘦以詩見寄次韻

多生習氣未除肉長安夜眠懶食粥屈伸久已效熊虎倒掛漸擬同蝙蝠衆笑忍飢長杜門自恐莫年還入俗經旬輒瘦駭隣父未信腦滿添黃玉海夷旋覺似齊魯山蕨仍堪嘗菽粟孤船會復見洲渚小車未用安羊鹿海南老兄行尤苦樵爨長須同一僕此身所至即所安莫問歸期兩黃鵠

次韻子瞻獨覺

咄咄書空中有怪內熱捜膏發癰疥羨蔡飯芋如固然飽食安眠眞一快午雞鳴屋呼不起欠伸吉貝重衾裏此身南北付天工竹

杖芒鞋卽行李夜長却對一燈明上池溢流微有聲幻中非幻人不見本來日月無陰晴

次韻子瞻夜坐

月入虛牎疑欲旦香凝幽室久猶薰淸風巧爲吹餘瘴疎雨時來報斷雲南海炎凉身已慣北方毁譽耳誰聞遥知掛壁瓢無酒歸舶還將一酌分

次韻子瞻寄賀生日

弟兄本三人懷抱喪其一頎然仲與叔耆老天所隲師心毎獨往可否輒自必折足非所恨所恨覆門實上賴吾君仁議止海濱黜

凄酸念毋氏此恨何時畢平生賢孟博苟生不謂吉歸心天若許定

卜老泉室淒凉百年後事付何人筆干今兄獨知言之泣生日

次韻子瞻寄黃子木杖

老至亦有漸五十惟杖始行年日辰匝幸免鄉閭恥罪重瘡難平餘痂未脫瘕登山足猶健不用扶兒子我兄念辛勤贈此攜且倚他年賜環日田舍尤須此早收藤節杯旋綴烏皮几茅簷數間足不用伐桐杞

次韻子瞻謫居三適

旦起理髮

道人雞鳴起趺坐存九宮靈液流下田伏炁抱長松頭毛得餘潤
冉冉熙霜風俯就無數櫛九爲一通洗沐廢已久徐之勿忿懲
氣來自滂泉至此知幾重近聞西邊將祖裼擁馬鬃歸來建赤油
不復齋伍同笑我守尋尺求與真源逢人生各有安未肯易三公

午窗坐睡

定中龍眠膝定起柳生肘心無出入異三昧亦何有晴窗午陰轉
坐睡一何久頹然擁褐身剝豕叩門手褰帷顧我笑疑我困宿酒
不知吾與我冰消不遺壽空虛無一物彼物自枯朽夢中得靈藥
此藥從誰受偃尊入四支淡然自無垢從今百不入只大歸田叟

夜臥濯足

海民慢寒備不畜衾與裯雖苦地氣洩亦無徒跣憂　客久未安集舍占鵂鶹念昔使胡中車馳卒不留貂裘遡北風十襲猶颼颼中塗履氷河馬倒身自投宛足費馮翼千里煩希韝十年事湯劑風雨氣輒浮南來足憂慮此病何時瘳名身孰親疎慎勿求封侯

同子瞻次過遠重字韻

孟子自誇心不動未試永嘉鐵輪重弟凡六十老病餘萬里同遭海隅送長披羊裘類嚴子能食猪肝同閔仲大男留處事田畝幼子隨行躬釜甑低眉語笑接隣父彈指吁嗟到蠻洞茅茨一日敢

忘葺桑柘十年須勉種來時邂逅得相攜歸去逡巡應復從莫驚
憂患爾來同久知出處平生共雖令子孫治家學休炫文章供世
用潁川築室久未成夜來忽作西湖夢

次韻子瞻和淵明擬古九首

客居遠林薄依墻種楊柳歸期未可必成陰定非久邑中有佳士
忠信可與友相逢話禪寂　落日共杯酒艱難本何求緩急肯相
負故人在萬里不復爲薄厚米盡鬻衣衾時勞問無有

其二

閉門不復出茲焉若將終蕭然環堵間乃復有爲戎我師柱下史

久以雌守雄金刀雖云利未聞能祈風世人欲困我我已安長窮
窮甚當辟穀徐觀百年中

其三

蕭蕭髮垂素晡日迫西隅道人愍我老元氣時卷舒歲惡風雨交
何不完子廬萬法滅無餘方寸可久居將掃道上塵先拔庭中蕪
一淨百亦淨我物皆如如

其四

夜夢被髮翁騎驎下大荒獨行無與遊闖然欸我堂高論何崢嶸
微言何渺茫我徐聽其說未離翰墨場平生氣如虹宜不葬北邙

少年慕遺文奇姿揖昂昂衰罷百無用漸以圜鄞方隱約就所安老退還自傷

其五

海康雜蠻蜒禮俗久未完我居近閭閻頗先化衣冠衣冠一有恥其下胡爲顏東隣有一士讀書寄賢關歸來奉親友跬步行必端慨然顧流俗歎息未敢彈提提烏鳶中見此孤翔鸞漸能衣裘褐祖裼知惡寒

其六

佛法行中原儒者恥論兹功施冥冥中亦何負當時此方舊雜染

渾渾無名緇治生守家室坐使斯人疑未知酒肉非能與生死辭
熾哉吳閭閒佛事不可思生子多穎悟得報豈汝欺時俾正法眼
一出照曜之誰爲邑中豪勸誦我此詩

其七

憂來感人心悒悒久未和呼兒具濁酒酒酣起長歌歌罷還獨舞
黍麥力誠多憂長酒易消脱去如風花不悟萬法空于如此心何

其八

杜門人笑我不知有天遊光明遍十方咫尺陋九州此觀一日成
袞袞通法流竿木常自隨何必返故邛老聃白髮年青牛去西周

不遇關尹喜履迹誰能求

其九

鉏田種紫芝有根未堪採逡巡歲月度太息毛髮改晨朝玉露下滴瀝投滄海須臾忽長茂枝葉行可待夜燒沉水香持戒勿中悔

雨中招吳子野先生 循州作

柴門不出蓬生徑暑雨無時水及堂辟穀賴君能作客暫來煎蜜餉桄榔

答吳和二絶

三間渕水小茅屋不比麻田新草堂問我秋來氣如火此間何事

得安康

慣從李叟遊都市久伴藍翁醉畫堂不似蘇門但長嘯一生留恨

與嵇康子野昔與李士寧縱遊京師與藍喬同客魯公家甚久

閏九月重九與父老小飲四絕

九日龍山霜露凝龍山九日氣如烝偶逢閏月還重九酒熟風高

喜不勝

獲罪淸時世共憎龍川父老尙相尋直須便作鄕關看莫起天涯

萬里心

客主俱年六十餘紫萸黃菊映霜鬚山深瘴重多寒勢老大須將

酒自扶

尉他城下兩重陽白酒黃雞意自長卯飲下床虛已散老年不似少年忙

求黃家紫竹杖 并引

予於龍川買曾氏小宅宅西南隅有紫竹百餘竿爲藤蔓所困無復直幹雖爲伐藤而見竹偃弱無可爲杖者黃氏老家有紫竹甚茂乞得一莖勁挺可喜聞黃氏竹舊自曾氏移植偶爲詩示之

曾家紫竹君家種曾園竹與荒藤共藤驕竹瘁如畏人不似君家

竹森聳我來買宅非爲宅愛此風稍時一弄磨刀向藤久未忍樹倒藤披眞自送繁陰一豁新笋地狂鞭欲向青春動我身病後少觔力遍求拄杖扶腰痛蕭蕭瘦幹未能任一畝君家知足用一枝遺我拄尋君老酒仍煩爲開甕

賦豐城劍 北歸途中作

劒氣夜干斗精誠初莫隔全身寄獄戶隱約還自得張雷彼知我勉爲汝一出腰間雜環佩亦既報之德凜凜天地間要非手中物躍入延平水三日飛霹靂出當乘風雷歸當卧泉石千年故宂在三嘆泉上客

范丞相堯夫挽詞二首 許州作

持身守忠恕臨事耻浮沉直道更三黜平生惟一心家風來自遠國論老彌深令德眞如玉泥沙枉見侵

其二

南遷頭已白北返病初加君意知無罪天心許到家同朝曾忝舊握手一長嗟時事紛無已還應付棣華

卜居

我歸萬里初無宅鳳去千年尚有臺誰爲遶池先種竹可憐當砌已栽梅囊貲只數腰金在歸計長遭鬢雪催欲就草堂終歲事落

成隣舍許衙杯

和子瞻過嶺

山林瘴霧老難堪歸去中原茶亦甘有命誰令終返北無心自笑

欲巢南蠻音慣習疑傖語脾病縈纏帶嶺嵐手把祖師清淨水不

嫌白髮照毿毿

子瞻贈嶺上老人次韻代老人答

嶺頭盧老一爐灰長短根莖各自栽輕賤已消先世業知君海上

去仍回

欒城後集卷之三

宋眉山蘇轍子由著　　明東吳王執禮子敬　顧天敘禮初　仝校

詩七十首

大行　皇太后挽詞二首

累朝宗內治晚歲擅鴻勳立子得　元聖收簾奉長君一言消橫逆多難弭紛紜仙馭俞非遠長瞻輦洛雲

家風承舊相國體繼　皇姑定策從中禁傳聲震海隅春風開閉蟄朝露濕焦枯萬里生還客冠纓淚雨濡

追尊　皇太后挽詞二首

月缺年何久龍飛事一新追崇名號正同祔禮容均鳳髻低迴日

龍輴細起塵都人知　舜孝擁紼盡霑巾

德美鍾岐嶷榮華倍感傷一時朝野恨百世本支長出祖悲無憾

因山險有光他年過嵩洛望拜裕陵旁

贈史支通奉議二首

牆北史居士掛冠心轉閑頂開人共怪神去夜深還白雪微侵鬢

丹砂久駐顔從君欲問道何日徑開關

其二

有叟住東野畏人希入城君時共還往我欲問修行早歲識嚴客
近時逢絳生眞能訪茅屋屐履試將迎

次前韻示楊明二首

晚歲有餘樂天敎一向閑嵩陽百口住嶺外七年還卜宅先隣晏
攜瓢欲飲顏吳僧來不久相約叩禪關

其二

甘井元衣廟平湖亦近城幅巾朝食罷芒屩雨中行擾擾初何事
悠悠畢此生欲邀東郭叟煩子作郊迎

唐修譔義問挽詞二首

家風臺栢老遺直故依然節見南遷後神凝未瞋前臨民舊有法訓子適成篇九轉今猶在參同豈妄傳

其二

我返南荒日君臨舊許初笑談寬老病旌旆擁茅廬酒盞開雖數溪堂到尚疎誰言生死隔近在浹旬餘

寄題登封揖仙亭

靈王太子本讀書縱談轂洛參諸儒生來不見全盛初老成遺訓誰楷模心知漸失文武餘蕭然直入山中居山間吹笙鳳凰呼升天白日乘龍車周人聚觀背路隅明月爲佩雲爲裾歸來千歲孰

在無赤松老彭自爲徒上侍玉宸臨九區烜赫不類山澤癯依山
作邑賢大夫夜中焚香迦空虛我欲從之駕肩輿秋風八月來徐
徐

吳沖卿夫人秦國挽詞二首

國老相隨盡家風慨獨存見夫成相業聽子得忠言（夫人長子起居昔將論事以南遷之憂訪於夫人夫人以當官許焉）氣節慙多士聲華盛一門平生高義重未易

俗人論

雅頌成章早春秋發論長風規喦叔向文采似中郎覽古明興廢
臨危喜激昂南遷初不恨李杜得從滂

十一月十三日雪

南方霜露多雖寒雪不作北歸亦何喜三年雪三落我田在城西禾麥敢嫌薄今年陳宋災水旱更爲虐閉糴斯不仁逐熟自難御飢寒雖吾患尚可省鹽酪飛蝗昨過野遺種遍陂濼春陽百日至鬧若蠶生箔得雪流土中及泉盡魚躍美哉豐年祥不待炎火灼呼兒具樽酒對婦同一酌誤認屋瓦鳴更願聞雪脚

補子瞻贈姜唐佐秀才 并引

予兒子瞻謫居儋耳瓊州進士姜唐佐往從之遊氣和而言道有中州士人之風子瞻愛之贈之詩曰滄海何曾斷地脈白袍

端合破天荒且告之曰子異日登科當爲子成此篇君游廣州州學有名學中崇寧二年正月隨計過汝南以此句相示時子贍之喪再逾歲矣覽之流涕念君要能自立而莫與終此詩者乃爲足之

生長茅間有異芳風流稷下古諸姜適從瓊管魚龍窟秀出羊城翰墨場滄海何曾斷地脈白袍端合破天荒錦衣他日千人看始信東坡眼目長

遷居汝南

我昔還自南從此適舊許再歲常杜門壁觀無與語何人自驚顧

未聽卽安處亟逃潁州籍來貫汝南戶妻孥不及將童僕具樽俎
身如孤棲鵲夜起三遶樹故人樂安生風節似其父忻然莞一笑
捨我西南去去已還閉門時作野田步蕭條古僧舍遺像得顏魯
精神凜如生今昔吾與女已同羈窮厄但脫生死怖幸世方和平
有土非寇虜春寒燒黃茅晝飯煮靑茹何必濮上田幸此足粳稌
歸心念狂簡裁製時已莫

索居三首

索居非謫地垂老更窮途去住看人意幽憂賴我無小園花草穢
陋巷犬羊俱近覺根塵離忘言日益愚

其二

平生亦何事十載苦顛隮夢嶮曾非嶮覺迷終不迷客居兼壯子別久愧良妻稍訝音書闊春陰道路泥

其三

許蔡古隣國風煙相雜和蕭然客舍靜不願主人過野薺春將老淮魚夏漸多街南病居士有酒對酣歌

聞諸子欲再質卞氏宅

我生髮半白四海無尺椽卞氏昔冠冕子孫今蕭然願以棟宇餘救此朝夕懸顧我亦何有較子差尚賢傾囊不復惜掃地幸見捐

南隣隔短牆兩孫存故壓松竹手自種風霜歲逾堅幽花亂蜂蝶
古木嘶蜩蟬垂陰可數畝成功幾百年人心苦無厭隱居恨未圓
得之尚有命老矣聊息肩畚土塡隙穴結茅葺漏穿粗爾容偃息
豈復求華鮮西歸信已乎永維孫陳編

任氏閱世堂前大檜

君家大檜長百尺根如車輪身弦直壯夫連臂不能抱孤鶴高飛
直上立狂風動地舞枝榦大雪翻空洗顏色人言此檜三百年未
知昔是何人植君家大夫老不遇一生使氣未嘗屈沒身不說歸
故里遺愛自知懷舊邑此翁此檜兩相似相與閱世何終極汝南

山淺無良材櫟柱棟椽聊障日便令殺身起大廈亦恐衆材無匹敵且留枝葉撓雲霓猶得世人長太息

贈蔡驄居士

結茅汝上只三間種稻城西僅一廛梅老外生詩律在秀公弟子佛心傳埋盆疊石常幽坐留客開樽輒醉眠聞道隣僧乞米送時無韓子定誰憐

癸未生日

我生本無生安有六十五生來逐世法妄謂得此數隨流登中朝失腳墮南土人言我當喜亦言我當懼我心終頹然喜懼不入故

歸來二頃田且復種禾黍或疑潁川好又使汝南去汝南亦何爲

均是食粟處兒言生日至可就瞿曇語平生不爲惡今日安所訴

老聃西入胡孔子東歸魯我命不在天世人汝何預

白鬚

中歲謬學道白鬚何由生故人指我笑聞道未能行我笑謝故人

唯唯亦否否老聃古道師白髮生而有佛告波斯匿汝有不白存

亭中掌亭人何嘗隨客奔客去不用留主在亭不毁墁牆支折棟

在我不在爾道成欵玉晨跪乞五色丸肝心化黄金齒髮何足言

寒食二首

寒食今年客汝南餘樽傾瀉亦醺酣道人久厭世間濁僧舍猶存
肉食慚花折園夫時送客餳罋孫女尚分甘永叔詩有爲翁欲遊寒食罋餳之句
紫極誰爲伴長揖孤松對不談紫極宮有巨松可數人抱
寄住汝南懷嶺南五年一醉久猶酣身逃爭地差云靜名落塵寰
終自慚耳畔飛蠅看尚在鼻中醇酢近能甘今朝寒食唯當飲買
酒先防客欲談

潁川城東野老姓劉氏名正

我歸潁川無故人城東野老鬚如銀少年椎埋起黃塵晚歲折節
依仙眞走如麏鹿人莫親呼來上堂飲淸樽踞牀閉目略頻伸指

我黃河出崐崘東流入海還天津沐浴周遍纔逡巡嬰兒跏趺乘

日輪脫身遊戲走四隣逢人不告非自珍許我已老知閉門東朝

太行欵眞君告我不返遊峩岷還家一舍臥不晨闔棺空空但衣

巾平生自言師洞賓嗟世賤目貴所聞

汝南示三子

此生賴有三男子到處來看老病翁飲食粗便魚稻足音塵不隔

馬牛風道塲莫問何方是舍宅元依畢竟空且爾不歸歸亦得汝

曹免復走西東

謝任亮教授送千葉牡丹

花從單葉成千葉家住汝南疑洛南亂剝浮苞任狼籍併偷春色

恣醺酣香穠得露久彌馥頭重迎風似不堪居士誰知已離畏金

槃蘋送病中菴

思歸二首

汝南百日習走遍三男子思歸非吾計聊亦爲爾耳行裝理肩輿

客舍卷床笫兒言世情惡平地風波起舟行或易搖舟靜姑且已

匏繫雖非願蠖屈當有竢老人思慮拙小子言有理晨炊廩粟紅

曉市淮魚美索居庵無人歸去迎伯姊終歲得安閑幽居無彼此

其二

我老不待言有女年四十念我客汝南無與具朝食翩然乘肩輿
面有風土色許蔡雖云近傳舍三經夕衰老畏汝曹愧歎心不懌
磨刀鱠纖紅洗盞酒花白母老行役難女來生理葺外孫踏鞍馬
遇事亦閑習居然數口家解我百憂集厄窮須父子他人非所及

萬蝶花

誰唱殘春蝶戀花一團粉翅壓枝斜美人欲向釵頭插又恐驚飛
鬢似鴉

春盡（三月二十三日立夏）

春風過盡百花空燕坐笙簫起滅中樹影連天開翠幕鳥聲入耳

當歌童楞嚴十卷幾回讀法酒三升是客同試問隣僧行乞在何人閑暇似衰翁

夢中詠醉人 四月十日夢得篇首四句起而足之

城中醉人舞連臂城外醉人相枕睡此人心中未必空甦爾頽然似無事我生從來不解飲終日騰騰少憂累昔年曾見樂全翁自說少年飲都市一時同飲石與劉不論升斗俱不醉樓中日夜狂歌呼錢盡酒空姑且止都人疑是神仙人誰謂兩人皆醉死此翁年老不復飲面光如玉心如水我今在家同出家萬法過前心不起此翁已死誰與言欲言已似前生記

立秋偶作六月二十三日

十年憂患本誰知慙愧仙翁有舊期度嶺還家天許我斸山種粟我尤誰秋風欲踐故人約春氣潛通病樹滋心似死灰鬢似雪眼看多事亦奚為

汝南遷居

病暑暑已退思歸未成歸人事不可期當受不當違客居汝南城未覺吾廬非忽聞鵲反巢坐使鳩鸞飛三遷擇所安一枝粗得依我來衆草生漸見百卉腓天行若循環物化如發機閉目內自觀此理良密微

寄內

與君少年初相識君年十五我十七上事姑章旁兄弟君雖少年少過失昏晨定省歲月短五十還朝定何益憂深責重樂無幾失足一墜南海北身居穽中不見天仰面虛空聞下石丈夫學道等憂患婦人亦爾何從得歸來舊許生白髮回顧慙君髮如漆遷居汝南復何事龜老支牀隨所擲相望一月兩得書聞君昕病久消釋我經三伏常暴下近喜秋風掃烝濕病除寢食未復故相見猶驚身似腊劉根夫婦俱有道去日饒君著鞭策

病愈二首

學道雖云久沉痾竟未除炎烝度三伏晻曖覺中虛嘉穀一不自長荒榛終費鉏何辭用蘭石梨棗得扶疎

其三

病退日身輕身輕心轉清山空流水上海靜寸燈明朝市誰畱住林泉自不行鈎溪慙丐士流蕩過平生

九日三首

早歲寡歡意衰年仍病纏客居逢九日斗酒破千錢萸菊驚秋晚兒孫慰目前登高懶不出多酌任頹然

其二

狂夫老無賴見逐便忘歸小酌還成醉僑居不覺非妻孥念應我
風雨未縫衣憂患十年足何時賦式微

其三

黃菊與秋競白鬚隨日添時人知不憙野老未相嫌但酌清樽盡
猶存薄俸霑日西聞客至更問酒家帘

立冬聞雷 九月二十九日

陽淫不收斂半歲苦常燠禾黍飼蝗螟粳稻委平陸民飢強扶耒
秋晚麥當宿閔然候一雨霜落水泉縮蒼蔚山朝隮滂沱雨翻瀆
經旬勢益暴方冬歲愈蹙半夜發春雷中天轉車轂老夫睡不寐

稚子起驚哭平明睞中庭松菊半摧秃潛發枯草萌亂起蟄蟲伏

薪櫝不出市晨炊午未熟首種不入土春餉難滿腹書生信古語

洪範有遺牘時無中壘君此意誰當告

將歸二首十月初三日作

久客初何事言歸似有名騰騰且隨俗落落竟無成病苦醫猶厭

囊空身自輕家人驚别後無限白鬚生

其二

爲客不滿歲還家見兩孫遥知臨竹戶相對引瓢樽老罷那嫌瘦

心寬尚喜存風波隨處有何幸免驚奔

示資福諭老 并引

予讀楞嚴至塵既不緣根無所偶反流全一六用不行釋然而笑曰吾得入涅槃路矣然孤坐終日猶苦念不能寂復取楞嚴讀之至其論意根曰見聞逆流流不及地名覺知性乃歎曰雖知返流未及如來法海而爲意所畱隨識分別不得名無知覺明豈所謂返流全一也哉乃作頌以示諭老

幽居百無營孤坐若假寐根塵兩相接逆流就一意意念紛無端中止不及地寂然了無覺乃造眞實際百川入滄溟衆水皆一味止爲潭淵深動作濤瀾起動止初何心乃遇適然耳吾心未嘗勞

萬物將自理

三不歸行

客心搖搖若懸旌三度欲歸歸不成方春欲歸我自懶秋冬欲歸事自變問我欲歸定何時天公默定人不知孔公晚歲將入楚磐桓陳蔡行且住昭王已死不復南意欲歸老父母邦衛靈父子無足取姑爾息肩竢東魯三桓豈知用聖人哀公亦自不能臣冉求一戰卻齊虜請君召師君亦許歸來閉戶理詩書弁晁時出從大夫夢見周公已不復老死故國心亦足孔公愈老愈屯邅顧我未及門下賢鄉邦萬里不能往妻孥近寄潁川上依嵩架潁結茅茨

自問此志於何期汝南一寓歲行復來年歸去栽松竹

罷提舉太平官欲還居潁川

避世山林中衣草食芋栗柰何處朝市日耗太倉積中心久自笑公議肯相釋終然幸寬政尚許存寄秩經年汝南居久與茅茨隔祠官一掃空避就兩皆失父子相攜扶里巷行可卽屋敝且圬墻蝗餘尚遺粒交遊忌點染還往但親戚閉門便裒病杜口謝彈詰餘年迫懸車奏草屢濡筆籍中顧未敢爾後儻容乞幽居足暇豫肉食多憂慄永懷城東老未盡長年術

次遲韻寄适遜

飢民畏寒尤惡雪旋理破裘紉敗纊我雖久客未成歸黍酒蕎羹還潑節汝南薪炭舊如土爾來薄俸纔供爇眼前煖熱無可道心下清涼有餘潔潁川歸去知何時祠宮欲罷無同列夜中髣髴夢兩兒欲迓老人先聚說

次遲韻對雪十一月二十七日

雪寒近可憂麥熟遠有喜我生憂喜中所遇一已委平生聞汝南米賤豚魚美今年惡蝗旱流民鬻妻子一食方半菽三日已干耜號呼人誰聞感惻天自邇繁陰忽連夕飛霰墮千里卷舒驚太速原隰殊未被貧家望一麥生事如毛起荐饑當逐熟西去眞納履

還潁川甲申正月五日

昔賢仕不遇避世遊金馬嗟我獨何爲不容在田野畝區寄汝南落泊反長社東西俱畏人何適可安者故廬已荆榛遺壠但松檟頽齡迫衰暮舊物一已捨安能爲妻孥辛苦問田舍平生事瞿曇心外知皆假歸休得溟渤坐受百州瀉何人賫造物未聽相陶冶

題郾城彼岸寺二首

文殊院古栢

曾看大栢孔明祠行盡天涯未見之此樹便當稱子行他山只可作孫枝棟梁知是誰家用舟楫唯應海水宜日莫飛鴉集無數青

田老鶴未曾知

武宗元比部畫文殊玄奘

遺墨消磨顧陸餘開元一一數吳盧本朝唯有宗元近國本長留後世模出世眞人氣雍穆入蕃老釋面清癯居人不惜遊人愛風雨侵陵色欲無

上巳日久病不出示兒姪二首

春氣侵脾久在牀開門桃李著泥香牛鳴頗覺西湖近鳳去長憐北榭荒欲出老人無伴侶退歸諸子解農桑南隣約賣千竿竹拄杖穿林看筍長

臥聞諸子到西湖鵠鷺翩翩衆客俱紈扇蔴鞵試輕快隻雞斗酒助歡娛行歌久已饒渠輩睡美猶應屬老夫春服既成沂可浴孔門世不乏迂儒

葺東齋 三月十八日

敝屋如鷰巢歲歲添泥土泥多甓完潔屋老終難固況復非吾廬聊爾避風雨圖書易新幌几杖移故處宵眠不擇安鼻息若炊釜見孫喜相告定省便蚤莫我生溪山間弱冠衡茅住生來乏華屋所至輒成趣苦恨無囊金莫克償地主投老付天公著身豈無所

次遲韻干葉牡丹二首

溪上名園似洛濱花頭種種鬬尖新共傳青帝開金屋欲遣姚黃比玉眞秦嶺猶應篆詩句杜鵑直恐降天神老人髮少花頭重起舞欹斜酒力匀

老人無力年年懶世事如花種種新百巧從來知是妄一機何處定非眞園夫漫接會無種物化相乘豈有神畢竟春風不揀擇隨開隨落自匀匀

盆池白蓮

白蓮生淤泥清濁不相干道人無室家心迹兩蕭然我住西湖濱蒲蓮若雲屯幽居常閉戶時聽遊人言色香世所共眼鼻我亦存

隣父閔我獨遺我數寸根漠水不入園庭有三尺盆兒童汲甘井日晏泥水温及秋尚百日花葉隨風翻舉目得秀色引息收清芬此心湛不起六塵空過門誰家白蓮花不受風霜殘

詠竹二首

湖濱宜草木脩竹可三尋廛居多野思移種近牆陰及爾迷未醒方予熱正侵無嫌不逮本地薄肯成林

其二

南隣竹甚茂門巷不容賓縣印君當往囊金我患貧翠旗稍亂起犀角筍初勻不惜圖書賣端來作主人

見兒姪唱酬次韻五首

芝蘭生吾廬一兩一增蒨本亦何預人懷抱終眷眷老傳時已迫

塵垢日須浣永慙舊文書展讀不終卷

其二

讀書雖不惡不讀亦自好根牙就區別花實隨時老耘鉏不可無

雨露勿憂少我釣不在魚一竿寄洲島

其三

宇宙非不寬閑門自爲阻心知外塵惡且恐閑居苦跏趺默非睡

龕燈翳復吐道士爲我言嬰兒出歌舞

其四

身病要須閑閑極自成趣空虛雖近道懶拙初非悟偶將今生腳還着古人履大小適相同本來無別處

其五

西湖雖不到甘井竊餘涼三伏罷飲酒桂漿攜一觴冠者五六人起舞互低昂人生有離合此歡未易忘

初得南園

倒囊僅得千竿竹掃地初開一畝宮千里故園魂夢裡百年生事寂寥中晏家不願諸侯賜顏氏終成陋巷風洗竹移花吾事了子

孫他日記長翁

移竹

牆陰竹叢敝板築念相妨欲補園東缺欣乘雨後涼三年生箭遍一徑引風長但恐翁爾老筋枝懶復將

記壹七月二十六日

長魚三尺困橫盆送入清流意欲奔報我金匙僅盈寸擲還聊喜不負存

欒城後集卷之三終

欒城後集卷之四

宋眉山蘇轍子由著

明東吳王執禮子敬
顧天叙禮初仝校

詩七十首

葺居五首

南堂初一家隔絕歲月久開牆北風入爽氣通戶牖棟梁未摧折斤斧聊結構非言事輪奐粗反昔人舊

其二

庭方止數尋風月所從入百年養毒樹攢芒比刀戟伐之念生久

不伐愁跳足且復爲人謀庖椹利朝食皂角木宜食椹

其三

竹林失蕃養春筍日瑣細草蔓半縈纏櫟櫟互虧蔽已令具刀鐮稍䅵秋霜厲欲成林下飲更種園東地

其四

雜花生竹間竹荒花亦瘁移花通狂鞭春到兩皆遂牆東破茅屋排去收遺址時來拾瓦礫細細留花地

其五

東南皆民居屋敗如齲齒一完誠未能綴葺聊且爾內修晨夜虞

此下飛半葉紅本作空中搜得補擬移此

外結比隣喜無心本何嘗生理未免此

再賦葺居三絶

誰將脩竹寄隣家秋斫長竿春食芽旋築高牆護雞犬稍容嵇阮醉喧譁

短垣疏戶略藏遮翠竹長松夾徑斜遊宦歸來四十載粗成好事一田家

南北高堂本富家百年梁柱半欹斜略教扶起猶堪柱西望吾廬已自奢

歲莫口號二絶

六十年來又七年眼昏頭白意茫然逢人欲說平生舊少有能知兩世前

兩世相從今幾人回頭強半已埃塵此心點檢終如一時事無端日日新

雪後小酌寄閔 乙酉正月九日

薄雪爲燈止和風應節來出遊吾已懶小酌意難裁竹徑泥方滑菁畦凍欲開細君憐老病加料作新醅

喜雨 三月二十三日

奪官分所甘年來祿又絶天公尚憐人歲賚不與麥經冬雪屢下

根鬚連地脈庖廚望麰餌甕盎思麴蘖一春百日旱田作龜板折老農淚欲墮無麥眞無食朱明候纔兆風雷起通夕田中有人至膏潤已逾尺繼來不違願飽食眞可必民生亦何幸天意每相恤我幸又已多鉏耒坐不執同爾樂豐穰異爾苦稅役時聞吏號呼手把縣符赤歲賦行自辦橫斂何時畢

收蜜蜂

空中蜂隊如車輪中有王子蜂中尊分房減口未有處野老解與蜂語言前人傳蜜延客住後人秉艾催客奔布囊包裹鬧如市空入竹屋新且完小窓出入旋知路幽圃首夏花正繁相逢處處命

儔侶共入新宅長子孫今年活計知尚淺蜜蠟未暇分主人明年
少割助和藥慙愧野老知利源

養竹

病竹養經年生筍大如拇初番放出林末番任供口欲求五寸圍
更聽三年後蕭疎畫椽桷無復堪作帚吾廬適營葺便可開戶牖
秀邑到衣冠清風盪塵垢物生恨失養養至無不厚斧斤日摧剝
陰陽自難救閑居翫草木農圃即師友養人如養竹舉目皆孝秀

和遲田舍雜詩九首 并引

吾家本眉山田廬之多寡與楊子雲等仕宦流落不復能歸中

宋本存第四卷殘葉自此起　劉翰臣見貽

竄嶺南諸子不能盡從留之潁川買田築室賒饑寒之患旣蒙
恩北還因而居焉然拙於生理有無之計一付諸子夏五月麥
方登場遲往從諸農夫簞瓢餉艾知以爲樂作詩九章瀉然有
詩人之思歸而出之爲和之云

麥生置不視麥熟爲一來我懶客亦惰田荒誰使開勤事知有獲
直駕獨未回交遊悉吾病門巷多蒼苔

其二

我生無定居投老旋求宅未暇棟宇完先問松筠碧床鋭日益銷
車轄轉生澁東家雖告貧寳否猶未必

其三

偶自十年閑非繼七人作早歲漫云云志大終落落齒髮已半空

頭顱不難度顔曾本吾師終身美藜藿

其四

至人竟安在陶鑄皆粃糠世俗那得知楚楚事冠裳方醉狂正作

吾語未可莊天定能勝人更看熟黄粱

其五

平湖近西垣杖屨可以遊偶從大夫後不往三經秋盎中插蒲蓮

菱芡亦易求閉門具樽俎父子相獻酬

其六

試問西寺僧云何古佛意別無安心法但復餅師餽外物來無從

往亦無所至佛法見在前我亦從此逝

其七

老佛同一源出山便異流少小本好道意在三神洲子房見黃石

願封小國畱終老預人事斷穀爲呂憂

其八

蒼然澗下松不願世雕刻斧斤百夫手牽挽千牛力斵成華屋柱

加以綴衣飾人心喜相賀松心終自惜

其九

汲汲陷有爲昏昏墮無記湛然古井水心在獨無意讀書非求解
食粟姑自遂幸有三男子力田奉租稅

雨病一首

晴送麥入倉雨催穀含穗共怪天公仁曲盡老農意誰爲三日霖
下漉一丈地百谷爭奔流通川不可厲夜聞屋山落晝說城闉閉
老羸知奈何脾病尤所畏中宵得暴下亭午臥志起良醫過我言
勿藥行自喜損食存谷神收心辟邪氣兀然槁木居油爾元和至
天唯不窮人人則昧其理學道三十年愧爾良醫賜

施崇寧寺馬 并引

予自龍川還潁川安於閑放不畜車馬僧悟緣自成都來爲予致一滇馬甚駿日聞公歸自南方家無良駟此可以備登山之乘予愧其意不能卻也然馬入吾廐輒苦多病意其非吾物也西鄰僧道和禪席之盛鄉閭之所犇走乃視之曰俾爾爲和馬歸依佛法乘病或已乎因爲詩以示和

南歸閉門萬事了病卧常多起常少未用田間下澤車何須櫪上追風驃鄉人記我少年日滇馬爲致風前鳥三年伏櫪人共怪馬不能言心可曉坐馳千里氣蟠結日食生芻空自笑主人自是箕

宋本秪存第四葉　京館

頫人誰復爲送洮岷道支公惠眼識神駿山下泉甘足芳草法流
一洗百病消䴬足長鳴且忘老

南堂新甃花壇二首

亂竹侵紅藥病花羞晚春移根近談笑得士長精神榮悴非由爾
芬芳止爲人庭西井泉好汲灌每躬親

其二

老木不忍伐橫枝宜少除根荄漸有託雨露稍分餘生意初無損
開花終自如他年諸草木成就此幽居

夢中謝和老惠茶一首

西鄰禪師憐我老北苑新茶惠初到晨興已覺三嗅多午枕初便
一杯少七椀煎嘗病未能兩腋風生空自笑定中直往蓬萊山盧
老未應知此妙

新霜 一首

敗簷疏戶秋寒早老人腳冷先知曉濃霜滿地作微雪落葉投空
似飛鳥新春未覺稟庚空宿逋暗奪衾裯少旱田首種未言入敢
信來年眞食麨

戲作家釀二首

方暑儲麴蘗及秋舂秫稻甘泉汲桐栢火候問隣媼唧唧鳴甕盎

此下仍據自藏本

暾暾化梨棗一撥欣已熟急搦嫌不早病色變渥丹羸軀驚醉倒
子雲多交遊好事時相造嗣宗尙出仕兵厨可常到嗟我老杜門
柰此平生好未出禁酒國恥爲甕間盜一醉汁滓空入腹誰復告俗諺有入腹無贓之語
我飲半合耳晨興不可無千錢買一斗衆口分須臾月俸本有助
法許吏未俞慼慼坐相視饞涎落盤盂頫淇舊之水粳糯貴如珠
今年利陂堨碓聲喧里閭典衣易鍾釜入甕生醍醐歡欣走童孺
左右陳肴蔬細酌奉翁媪餘潤霑庖廚詰朝日南至相戒畱全壺
一家有喜色經冬可無沽莫怪杜拾遺斗水寬憂虞

冬至雪一首

旱久魃不死連陰未成雪微陽九地來顚風三日發父老竊相語
號令風爲節諱武罷冬天幾甸休保甲釁囚出死地冗官去煩雜
手詔可人心吾君信明哲風頻雪猶吝求歲恐無麥天公聽一
言惟李早誅魃

歲莫二首

顧南齊里歸來安頓上六年多病身未死誰言猶有命長閑豈復
更先八限看世事知難了手注遺編近一新點檢平生無幾恨獨
醪初熟正逢春

文章習氣消未盡，般若初心老漸明。粗有春秋傳舊學，終憑止觀定無生。維摩晚亦諧生事，爾勤初猶重世名。須髮來年應更白，莫留塵滓溷澄清。

春後望雪一首

秋雨僅熟禾，冬雪不掩塊。溫風搜麥根，天意欲爲害。老農強推測，妄謂春當改。三陽巳換節，六出尚茫昧。朝看扶桑暾，夜聽土囊噫。倉場久空竭，榆棗方伐賣。丁夫病風熱，孺子作瘡疥。無知此何辜，得罪彼有在。造物伊誰憎，亦復自無奈。愼勿翻雪海，凍餒無疆界。

除夜一首

年更六十七旬滿三百六俛仰定何爲萬事如轉轂禪心澹不起非人自歌哭芸芸初莫禦勢盡行將復學道道可成無心心每足守歲聽兒曹自笑未免俗

喜雨 一首

歷時書不雨此法存春秋我請誅旱魃天公信聞不魃去未出門油雲裏嵩邱濛濛三日雨入土如膏流二麥返生意百草萌芽抽農夫但相賀漫不知其由魃來有巢穴遺卵遍九州一掃不能盡餘孽未遽休安得風雨師速遣雷霆搜眾魃誠已去秋成儻無憂

甲子日雨 一首

一冬無雷麥方病細雨迎春歲有望愁見積陰連甲子復令父老念耕桑瘦田未足終年計濁酒誰供清旦嘗賴有眞人不飢渴閉門卻掃但焚香

新火一首

百口共一竈終年事烹煎力耕飼饑饞竈傚火亦煩昨日一百五老稺俱食冥呼童戛枯竹褩然吐靑煙適從何方來熒熒百家傳性火出眞空應量會無邊老病何所求石鉼煮寒泉斂爲一夫用無心固當然

次韻和人詠酴醾一首

蜀中酴醾生如積開落春風山寂寂已憐正發香晻曖猶愛未開光的皪半垂野水弱如墜直上長松勇無敵風中娜娜應數丈月下煌煌眞一色故園聞道開愈繁老人自恨歸無日百花已過春欲莫燕坐繩床空數息朝來滿把得幽香案頭亂插銅缾濕一番先蘂轉頭空誰能往問天台拾

閑居五詠

杜門

可憐杜門久不覺杜門非牀鋭日日銷髀肉年年肥眼暗書罷讀肺病酒亦稀經年客不至不冠仍不衣視聽了不昧色聲久已微

終然渾爲一誰言我無歸

坐忘

少年常病肺納息肺自斂靈液洗昏煩百藥無此驗爾來觀坐忘

一語頓非漸道妙有至力端能破諸暗跏趺百無營純白乃受染

至人不妄言此說豈吾僭

讀書

習氣不易除書魔閒卽至圖史紛滿前展卷輒忘睡古今浩無垠

得失同一軌前人已不悟今人復如此慼然蔘婦憂嗟哉肉食鄙

掩卷勿重陳慟哭傷人氣

買宅

我老未有宅諸子以爲言東家欲遷去餘積尚可捐一費豈不病
百口儻獲安田家伐榆棗賦役輸緡錢長大可雙棟瑣細堪尺椽
生理付兒曹老幸食且眠

移竹

前年買南園本爲一畝竹稍去千百竿欲廣西南屋本心初不爾
百口居未足匪俛斤斧餘慙愧琅玕綠東園有餘地補種何年復
凜凜歲寒姿餘木非此族

城中牡丹推高皇廟園遲适聯騎往觀歸報未開戲作一首

漢廟名園甲潁昌洛川珍品重姚黄雨餘徒看初疑晚春盡方開自不忙爭占一時人意速養成千葉化功長老人終歲關門坐花落花開已兩忘

外孫文驥與可學士之孫也予親教之學作詩俊發猶有家風喜其不墜作詩贈之一首

已矣石室老奄然三十年遺孫生不識妙理定誰傳孔伋仍聞道賈嘉終象賢文章猶細事風節記高堅

春深三首

郊原紅緑變青陰閉戶不知春已深稍喜荒畦添野薺坐看新竹

補疎林簾中飛絮縈殘夢窗外啼鶯伴獨吟欲聽楞嚴終懶出道人知我組無心僧維覺時講楞嚴

小園松竹有淸陰懶病從玆日益深醉客滿堂慙北海野僧同社憶東林逢人問道空長嘯久客思歸尚越吟三十年前誦圓覺年來雖老解安心

偶有茅簷潩水陰潩水自西湖聽水亭下泒流自城北而東吾廬適在其南近依城市淺非深幽居每自比陳寔古學何人貴杜林隣父時來陪小飲兒曹頗解續微吟前年僅了春秋傳後有仁人知我心

次遲韻示陳天倪秀才姪孫元老主簿

茅簷有佳客肅肅清風與吾孫成均來左右皆良朋爲憐衆兄弟將冠未有稱條枚失熾燎中林化薪蒸老夫方苦貧不辦酒如澠夏田已失麥種豆喜多蠅俗以多蠅爲豆熟之祥何以待君子簞瓢容一升君來豈非誤門庭冷如氷

再次前韻示完老

豪傑多自悟不待文王興四方有餘師十室豈無朋我老不知時早歲誰誤稱歸來理茅屋對客食藜蒸遇渴卽飲水何嘗問淄澠冠裳強包裹毀譽如飛蠅植根久已爾若顛日自升忘我亦忘法無氷知消氷

築室示三子一首

宅舍元依畢竟空小乘慣住草庵中一生滯念餘妻子百口僑居怯雨風松竹已栽猶稍稍棟梁未具勿忽忽三間道院吾眞足餘問兒曹莫問翁

開窗一首

綠竹琅玕色紅葵旌節花開窗風細細窺戶月斜斜活計無多子文章自一家一牀方病臥隨意上三車

遜往泉城穫麥一首

少年食稻不食粟老居潁川稻不足人言小麥勝西川雪花落磨

煮成玉冷淘槐葉冰上鹵湯餅羊羹火入腹五年隨俗粗得飽晨朝稻米饘供粥兒曹知我老且饞觸熱泉城正三伏田家有信呼卽來亭午驅牛汗如浴吾兒生來讀書史不慣田間爭斗斛今年久旱麥粒細及半罷休饒老宿歸來爛熳煞著耳來歲未知還爾熟百口且留終歲儲貧交強半倉無穀

送元老西歸一首

晝錦西歸及早秋十年太學爲親留讀詩倪就當年說答策甘從下第收莫嫌簿領妨爲學從此文章始自由家有吏師遺躅在當令耆舊識風流伯父仕宦四十年當時號爲吏師

蜀人舊食決明花耳潁川夏秋少菜崇寧老僧教人并食其葉有鄉人西歸使爲父老言之戲作一絕

秋蔬舊採決明花三嗅馨香每歎嗟西寺衲僧并食葉因君說與故人家

諸子將築室以畫圖相示三首

還家卜築初無地隨分經營似有時多斫脩篁終未恐略存古栢更無疑畫圖且作百間計入室猶應三歲期得到安居眞老矣一生歌哭任於斯

舊廬近已借諸子新宅分甘臨老時萬里松楸終獨往四方兄弟

亦何疑竹間疏戶幽入到林上長松野鶴期已覺高軒慙衞賜可
憐黃犬哭秦斯

積因得果通三世臨老長閑自一時久爾觀心終未悟偶然見道
了無疑南遷北返吾何病片瓦尺椽天與期自斷此生今已矣世
間何物更如斯

題韓駒秀才詩卷一絶

唐朝文士例能詩李杜高深得到希我讀君詩笑無語怳然重見
儲光羲

秋社分題一首

天公閔貧霈雨止得豐穰南畝場功作東家社酒香分均思孺子
歸遺笑東方肯勸拾遺住休嫌父老狂

釀重陽酒一首

風前隔年麴甕裡重陽酒適從臺無餽飲啜不濡口秋嘗日已迫
收拾煩主婦仰空露成霜搴庭菊將秀金微火猶壯未可多覆篰
喞喞候鳴聲涓涓報初溜輕巾漉糟脚寒泉養甖缶誰來共嘉節
但約隣人父生理正艱難一醉陶衰朽他年或豐餘此味恐無有

中秋無月同諸子二首

風雨來無定泥塗日向深直埋今夜月眞失衆人心雲外天衢淨

人間濁霧侵幽人久不寐起坐夜愔愔

其二

卷衣换斗酒欲飲月明中坐看浮雲合遙憐四海同舊說中秋陰晴四海同之清光知未泯來歲尚無窮且盡樽中淥高眠聽雨風

予昔在京師畫工韓若拙爲予寫眞今十三年矣容貌日衰展卷茫然葉縣楊生畫不減韓復令作之以記其變偶作一首

白髪蒼顔日日新丹青猶是舊來身百年迅速何曾住方寸空虛老更眞一幅蕭條寄衰朽異時髣髴見精神近存八十一章注從道老聃門下人

九日獨酌三首

府縣嫌吾舊黨人鄉村畏我昔黃門終年閉戶已三歲九日無人共一樽白酒近令沽野店黃花旋遣折籬根老妻也說無生話獨酌油然對子孫

故國忘歸懶問人新居斫竹旋開門菊生牆下不知節酒滴床頭初滿樽漲水驟來眞有浪浮雲卷去白無根凡心漫作頻濱傳語與他年好事孫

平昔交遊今幾人後生誰復款吾門茅簷適性輕華屋黍酒忘形敵上尊東圃旋移花百本西軒恨斫竹千根舍南賴有凌雲栢父

老經過說二孫 古栢孫何僅所種

泉城田舍一首

泉城欲治麥囷囷五畝鄰家肯見分莫問三吳朱處士似勝吾鄉楊子雲陰晴卒歲關憂喜豐約終身看逸勤家世本來耕且養諸孫不用耻鉏耘

蘇文定公後集卷第四 庚申七月二十六日據家藏宋本校

欒城後集卷之四 終

和子瞻沈香山子賦一首
和子瞻歸去來詞一首
潁州擇勝亭詩一首
和子瞻次韻陶淵明停雲詩一首
和子瞻次韻陶淵明勸農詩一首
沐老圖贊一首
香城順長老眞贊一首
自寫眞贊一首
六祖卓錫泉銘一首
代李憲卧帳頌一首
夢齋頌一首
抱一齋頌一首

欒城定集後集卷第五

宋眉山蘇轍子由著　　明東吴王執禮子敬、顧天敘禮初仝校

雜文一十二首

和子瞻沉香山子賦一首并引

仲春中休子由於是始生東坡老人居於海南以沉水香山遺之示之以賦曰以爲子壽乃和而復之其詞曰

我生斯晨閱歲六十天鑿六竇俾以出入有神居之漠然靜一六爲之媒聘以六物紛然馳走不守其宅光寵所眩憂患所迮少壯

一往齒搖髮脫失足隕墜南海之北苦極而悟彈指太息萬法盡
空何有得失色聲橫鶩香味並集我初不受將爾誰賊收視內觀
燕坐終日維海彼岸香木爰植山高谷深百圍千尺風雨摧斃塗
潦齧蝕膚革爛壞存者骨骼巉然孤峯秀出巖穴如石斯重如蠟
斯澤焚之一銖香蓋通國三公所售不顧金帛我方躬耕日耦沮
溺鼻不求養蘭茝棄擲越人髡裸章甫奚適東坡調我寧不我悉
久而自笑吾得道迹聲聞在定雷鼓皆隔豈不自保而佛是斥妄
眞雖二本實同出得眞而喜操妄而慄叩門爾耳未入其室妄中
有眞非二非一無明所塵則眞如窟古之至人衣草飯麥人天來

供金玉山積我初無心不求不索虚心而已何廢實腹弱志而已何廢強骨毋令東坡聞我而咄奉持香山稽首仙釋永與東坡俱證道術

和子瞻歸去來詞一首并引

昔予謫居海康子瞻自海南以和淵明歸去來之篇要予同作時予方再遷龍川未暇也辛巳歲予既還潁川子瞻渡海浮江至淮南而病遂没於晉陵是歲十月理家中舊書復得此篇乃泣而和之蓋淵明之放與子瞻之辯予皆莫及也示不逆其遺意焉耳

歸去來兮歸自南荒又安歸鴻乘時而往來會奚喜而奚悲曩所惡之莫逃今雖歡其足追路天運之自然意造物而良非蓋有口之必食亦無形而莫衣苟所賴之無幾則雖喪其亦微吾駕非良吾行弗奔心游無垠足不及門視之若窮挹焉則存俯仰衡茅亦有一樽既飯稻與食肉撫簞瓢而愧顏感烏鵲之夜飛樹三遶而未安有父兄之遺書命却掃而閉關知物化之如幻蓋捨物而內觀氣有習而未忘痛斯人之不還將築室乎西塵堂已具而無桓

歸去來兮世無斯人誰與遊軀自閉於床下息眇綿乎無求閱歲月而不移或有爲予深憂解刀劍以買牛拔蕭艾以爲疇蓬累而

行捐車捨舟獨樓棲於圖史或以佞而疑丘散衆說之糾紛忽冰潰而川流曰吾與子二人取已多其罷休已矣乎斯人不朽惟知時時不我知謂爲晉歲云往矣今何之天地不吾欺形影尚可期相冬廩之億秭知春壟之耘耔視白首之章報信稚子之書詩若妍醜之已然豈復臨鏡而自疑

潁州擇勝亭詩并引

子瞻爲汝陰守以幄爲亭欲往即設不常其處名之曰擇勝爲作四言一章轍愛其文故繼之云

我嗟世人誰實與謀生伏其廬死安其丘既成不化窘若縶囚我

行四方所見或不江海之民生託于舟前炊釜鬵後鐅匽溲晝設豆觴夕張衾裯出入濤瀾歸宿汀洲與風皆行與水皆浮坐食網罟以魚去留居無四鄰行無朋儔胡貊之民駕車以遊外纒毳韋內韗貂鼬美水薦草驅馬縱牛逐射兎鹿聚爬薪樵食肉飲水雨雪相咻草盡水乾風卷雲收所至成羣不懷一陬今我柰何橫自綢繆翼爲華堂溽爲層樓繚以脩垣貫以通溝勢窮物變何異一漚棄之不忍徒去莫由矧茲士夫汎焉周流如鷰巢春知不期秋脩椽高楝徒與民仇一日安居百年怨尤我兄和仲蹇剛立柔視民如傷有急斯周視身如傳苟完不求山磐水嬉習氣未瘳豈以

吾好而俾民憂顛尾甚清湖曲孔幽風有翠幄雨有赤油匪[illegible]匪

車亦可相依民曰公來庶幾無愁乎

和子瞻次韻陶淵明停雲詩 幷引

丁丑十月海道風雨儋雷郵傳不通子瞻兄和陶淵明停雲四章以致相思之意轍亦次韻以報

雲跨南溟南北一雨瞻望匪遙檻穽斯阻夢往從之引手相撫笑言未半捨我不佇晚稻欲登白露宵濛人飲嘉平漿酒如江（雷人以十月臘祭凡三日飲酒作樂）我獨何爲觀成于窗此心了然來無所從欣然而笑是無枯榮手足相依所鍾則情情忘意消神凝不征可以安身可

以長生跋扈飛揚誰匪南柯運歷相尋憂喜雜和我游其外所享則多削迹拔木其如予何

和子瞻次韻陶淵明勸農詩六首并引

子瞻和淵明勸農詩六章哀儋耳之不耕予居海康農亦甚惰其耕者多閩人也然其民甘於魚鰍蟹鰕故蔬果不毓冬溫不雪衣被吉貝故藝麻而不績生蠶而不織羅紈布帛仰於四方之負販工習於鄙朴故用器不作醫奪於巫鬼故方術不治予居之半年凡羇旅之所急求皆不獲故亦和此篇以告其窮庶或有勸焉

利一作

我遷海康實編于民少而躬耕老復其眞乘流得坎不問所因願以所知施及斯人我行四方稻麥黍稷果蔬蒲荷百種咸植糞漑耘耔乃後有穡爾獨何爲開口而食掇拾于川搜捕于陸俯鞠婦子仰薦昭穆閭乘其婾載耒逐逐計無百年謀止信宿我歸無時視女長久孰爲沮溺風雨相耦築室東皋取足南畝后稷爲烈夫豈一手斲木陶土器則不匱績麻繅繭衣則可冀藥餌具前病安得至坐而告窮相視徒愧莫爲之先冥不謂鄙一夫前行百夫具履以爲不信出視同執期爾十年風變而美

沐老圖贊一首

一作視一
酹永久

一作病
昌從至

一作
唱

老聃新沐晞髮于庭其心泊然若遺其形夫子與回見之而驚入而問之強使自名曰豈有也哉夫人皆然惟役於人而喪其天其人苟亡其天則全四支百骸孰爲吾纆死生終始孰爲吾遷彼赫赫者將爲吾溫肅肅者將爲吾寒一溫一寒交而萬物生焉物皆賴之而況吾身乎溫爲吾和寒爲吾堅忽乎不知而更千萬年葆光志之夫非養生之根乎

香城順長老眞贊 并引 一首

長老順公昔居圜通從先子遊數月耳頃予謫高安特以先契訪予再三予嘗問道於公以擂鼻爲答予卽以偈謝之曰擂鼻

徑參眞面目掉頭不受別鉗鎚公領之紹聖元年予再謫高安而公化去已逾年矣其門人以遺像示予焚香稽首而贊之曰

與訥皆行與璉皆處於南得法爲南長子成就緇白可名爲老慈愍黑闇可名爲姥我初不識以先子故訪我高安示揣鼻語再來不見作禮縑素向也無來今亦奚去

自寫眞贊一首

心是道士身是農夫悞入廊廟還居里閭秋稼登場社酒盈壺頹然一醉終日如愚

六祖卓錫泉銘并引一首 名賢文粹 三百八十五

六祖初住曹溪卓錫泉湧清涼滑甘贍足大眾逮今數百年矣

或時小竭則眾汲于山下今長老辯公住山四歲泉日湧溢眾

嗟異之聞之作銘曰

祖師無心心外無學有來叩者雲湧泉落問何從來初無所從若

有從處來則有窮初住南華眾集須水水性融會豈有無理引錫

指石寒泉自冽眾渴得飲如我說法云何至今有溢有枯泉無溢

枯盡其人乎辯來四年泉水洋洋烹煮濯溉飲及牛羊手不病汲

肩不病負匏勺瓦盂莫知其故我不求水水則許我訊于祖師其

亦可哉

代李樵臥帳頌并引

子瞻在黄日以臥帳遺李樵以頌問曰問李巖老何心居此愛護鐵牛障闗佛子樵不能答紹聖二年九月訪予高安戲代答

鐵牛正臥佛子正渴奪我與爾是天人業爲我害爾是地獄業安臥此間我爾休歇兹大寶帳爲降魔設

夢齋頌并引

曇秀上人遊行無定予兄子瞻作夢齋二字名其所至居室爲作頌曰

法身充滿處處皆一幻身虛妄所至非實我觀世人生非實中以寤爲正以寐爲夢忽寐所遇執寤所遭積執成堅如丘山高若見法身寤寐皆非知其皆非寤寐無非遨遊四方齋則不遷南北東西法身本然

抱一頌一首并引

道士朱元經舊居光州彭城曹九章演甫少年過光元經謁之演甫曰聞君未嘗求人今求我何故元經曰君後自當知之後若干年演甫知光州復見元經元經知黃白術演甫每問之元經不答曰有抱一法君不問我問此何用演甫在光而元經蛻

去演甫爲治後事此元經昔見演甫之意也崇寧甲申歲予閑居潁川演甫之子煥爲我道此因采道書中語作抱一頌此非獨道家事乃瞿曇正法也

眞人告我晝夜念一行一坐一眠一食一子若念一一亦念子子不念一一則去子子若得一萬事皆畢饑而念一一與子糧渴而念一一與子漿寒而念一一與子裳病而念一一與子方鬬而念一一與子兵念一之至至於忘一忘一之至與一爲一與一爲一入火不然入水不溺是謂念一

蘇文定公後集卷第五 庚申七月廿六日燈下校、

欒城後集卷之五 終